UN HOMBRE SOLO, UN SOLO INFIERNO

UN HOMBRE SOLO, UN SOLO INFIERNO
ANTOLOGÍA POÉTICA (2012–2024)

ELÍ URBINA

Valparaíso
EDICIONES

Número 486 de la Colección VALPARAÍSO DE POESÍA
dirigida por FEDERICO DÍAZ-GRANADOS

Diseño de portada: Chari Nogales
www.charidisonadora.com
Imagen de portada: Alberto Busignani

Primera edición: abril de 2025

© De los poemas: Elí Urbina

© Valparaíso Ediciones
 C/ Fray Leopoldo, 7 bajo, 18014 Granada
 www.valparaisoediciones.es

 ISBN: 979-13-87538-14-9
 Depósito Legal: GR 363-2025

 Impreso en España - *Printed in Spain*
 Gráficas Gami

El papel utilizado para la impresión de este libro está calificado como papel ecológico y procede de bosques gestionados de manera sostenible

UN HOMBRE SOLO, UN SOLO INFIERNO
ANTOLOGÍA POÉTICA (2012–2024)

Soy un hombre solo,
un solo infierno.
SALVATORE QUASIMODO

DE
SOLO LA MUERTE SOBREVIVE
(2012)

LA CIUDAD INÚTIL

Por caminos de hileras luminosas,
vas rumbo a la ciudad inútil
en un auto sin habla y sin creencia.
Intermitentes golpes de luz
iluminan tu rostro y lo ensombrecen;
solo la ansiosa prisa te acompaña.
Espantado, presencias
el súbito suicidio de una sombra,
como un precipitado libro
abriendo un abismo entre tus manos.
Avenidas en ruinas y pilas de basura
enturbian largamente tu mirada,
y el asco que te embute,
la demagogia en las paredes,
como una lengua insepulta,
te enrosca por adentro,
y de pronto, despunta la demencia,
las dilatadas luces mercantiles,
la omnipresente fealdad y la terca
trituración sonora. Y entonces llegas
y huyendo agobiado, entras
en el refugio que anhelabas,
y el cuarto iluminado al fondo,
te anima a proseguir hasta encontrar
la compañía de tus pares,
ese pequeño exilio entre la nada,
y nada hallas, sino la tertulia
de sordomudos invisibles,

el tajo abrupto de la soledad,
y despojado de ti mismo, exhausto,
al fin retornas a la calle y miras
cómo los estercoleros se agrupan
y se ríen de ti y arden por montones,
y ya sin remedio te sumas a ellos
como uno más, tú, antigregario.

LAS HORAS RUTINARIAS

Preso en la lentísima duración
de las sombrías horas rutinarias,
adviertes que tu vida anhela apresurar
su entorpecido trance
de extinción, y diluirse
en un sosiego sin memoria,
tan solo por resurgir libre
del abyecto contacto con la gente,
sola y veraz, ávida de sí misma.

BOLA DE RATAS

*Ore, mus, domine mundi**

A la luz de la luna verde por el bosque,
un temblor de súbito sacude la cabaña;
ratas, ratas invadiendo en hordas; ratas,
con acerados dientes, con infectas garras;
ratas quebrando el silencio del papel;
ratas andando como latir de sombra,
al asecho de tu pie desnudo y de tu rostro;
ratas llenando la bombilla hasta nublarla,
desollando al gato, destripando al pastor;
ratas de piel lampiña y rugosa,
cual escroto decrépito, a ciegas olisqueando;
ratas pululando hasta por dentro del espejo,
un gran tumor mutante a punto de explotar en ratas;
ratas brincando a quemarropa en el pasillo;
ratas cuando a tientas buscamos la salida;
ratas como derrame de petróleo hirsuto,
apestando a humedad y a meadero,
a secreción y a carca umbilical;
ratas chirriando sin tregua, ¡aj!, chirriando,
lo mismo que sartenes o parlantes posesos;
ratas, ratas, fariseas, déspotas, demagogas,
agujereando por doquier al mundo,
siempre en tránsito hacia su latido;
ratas, paradigmas de monstruosidad,
engendros de un ovario emputecido, ratas.

* Por la boca, la rata domina el mundo.

16

EL FRASCO DE CRISTAL

Aún soy mitad magma y aún resuello.
Ira, bicho rápido en vuelo,
cuyo sordo zumbido me atormenta,
desconozco tu rostro, tu color, tu secreto,
ese símbolo de humo que trazas vagamente.
Yo desciendo sin pausa y sin reposo
por un árbol profundo, hasta tu origen,
un jardín enterrado como un aguijonazo,
un oscuro Edén donde se oye
el latido violento del planeta.
Allí, sobre una flor—
la negra flor del inframundo—
absorto en tu elemento, te descubro:
abejorro de sangre enardecida.
Quédate así, bebiendo tu néctar
ponzoñoso, para que tu alma
ya no pueda ser sino mi propia alma
y para que este poema en cristal
se convierta hasta encerrarte.

EL PERRAZO DEL ANSIA

Como la bilis negra está en la sombra,
la prédica del grillo adentro de mis huesos;
ahora que el perrazo del ansia
hunde sus garras en mi corazón
y escarba buscando un hueso insondable,
yo atravieso un nocturno callejón
con mil estalactitas por sobre mi cabeza.
Que el niño contemple a vista de pájaro
la majestuosidad del bosque como un sueño;
que la plegaria a media voz del afligido
resuene a través de la noche;
que otro dé caza a los insectos.
El fin del callejón es un espejo,
así como una puerta que gira para darme paso.
Un vaho hediondo, un olor a rata en descomposición,
me llega a las narices desde el alma.
Pero el esqueleto de cocaína me sonríe
con una vela ardiendo entre los dedos,
y con adictos en posición fetal orbitando alrededor.
La moneda negra está sobre mi lengua.

VIENEN OTROS ESPEJOS
Y OTROS PASTORES...

Vienen otros espejos y otros pastores alemanes;
solo por ti miro atrás, nostálgico.
Día tras día, despierto contigo, sin evocarte.
Mi corazón, a cada paso, va a tu encuentro.
Tu olor se extiende por todo el cosmos, doloroso,
y siempre estás ahí, nombrando todo con tu nombre.
Eres, al mismo tiempo, la creación y el holocausto.

Y SI RESUCITAR SIGNIFICARA

Y si resucitar significara
no solo recuperar
el aliento
de la vida,
sino también
recordar,
otra vez,
que perdimos
la razón de estar
entre lo vivo.

Quizá
la convulsión telúrica
del recuerdo
nos devuelva
en un brusco
sobresalto.

Tal vez así,
al des—
prender la
costra de lava
de mi herida,
he de abrazar
nuevamente
la vida.

Aun
cuando ya no sepa
para qué.

DE
POESÍA VISUAL
(2013)

PÉNDULO O COLUMNATA

El poema
parece
la locomotora
un rascacielos;
un revolver;
una bala.
habla
ni en el día
una palabra
Péndulo
a medida

    o

  mi mirada

da un salto
periplo
autobús
como siempre,
estalla
Vuelo
me aparto
para regresar

a contraluz
un siamés;
boca arriba,
el pez,
el cachorro,
Toda palabra
y no dice;
ni en la noche
me pronuncia.
Columnata,
que leo,

repentino:
resbaloso,
zigzagueante;
la semilla solar
y me cautiva.
a causa del sueño,
del alma
al alma.

LA VULVA DE BORROMINI

DE
LA SAL DE LAS HIENAS
(2017)

I

El jade del delirio
fulge en tus ojos.
Ya somos piedra,
bebemos la bilis de las olas,
los escupitajos de los dioses.
Ya somos piedra,
guardamos en nosotros
los golpes del odio contra el hueso,
los golpes del odio contra el odio.
Ya somos piedra,
el epicentro de la sangre,
la carne destrozada,
la frente de los perros solitarios
que vagan sin destino.

LA SAL DE LAS HIENAS

Así es la muerte;
nosotros no creíamos en ella,
y ahora habitamos los dormitorios
de los huesos, y regamos la hierba:
el cabello de las mujeres
que amamos y las canas
de ese padre que no tuvimos.
Porque tuvimos la noche,
la sal de las hienas,
el amor silencioso de los árboles,
esa miel que los dioses despreciaron
y que los niños esculpieron
olvidando sus propios nombres.
Montañas de arena y cabellos,
cúmulo de escombros y olvido,
moles de piedra y caña,
el licor de las estrellas sin nombre,
el lenguaje de la sordidez y el amor.

IV

La soledad adentro es menor,
pero la noche desinhibe,
suelta las cadenas de la risa.
Cualquier lugar puede ser un paradero.
Danza de apareamiento:
las parejas ignoran el dominio de la muerte;
en su futuro no veo el rostro del dolor,
hay inmortalidad en cada movimiento.
El furgón se abre paso entre la noche,
el viento nos despeina,
y nos adentramos en lo incierto.
—hormiguero psicodélico,
pulular extasiante—,
y en medio de ese caos, la belleza.
Su cuerpo es joven,
voluptuosa su mirada.
Poseídos por el opio de la luna,
descendemos por las peñas.
El agua es sucia y las piedras cortan.
Hay sangre y carcajadas.
Reconocemos
en nosotros la muerte.
Matarse de a poco
es otra manera de celebrar la vida.

V

Hay bufandas y cabellos,
y ratas que aprietan
entre sus dientes otros dientes.
Hay ecos de piedra
bajo el golpe furioso de la luz.
Hay desdicha y restos
de un lujoso naufragio.
Hay papeles mordidos por los dedos
y ciudades hundidas en las venas,
la efeméride de un último beso,
el nacimiento del dolor,
las lágrimas de la mañana.

EL FARDO DE LA SOMBRA

Entre los racimos de saliva y sangre,
solo queda el fardo de la sombra,
la voz de la mujer que amé,
esa reja entre lo que soy
y los nombres del pasado.

Todavía hay ansiedad.
Aún hay vestigios de algo
que no termino de perder.

La muerte se avecina,
pero ya estoy en medio de la muerte,
ya camino en la acera
donde la suerte traza
otra dimensión de la ironía,
otro rostro de su rostro,
y hay mensajes perdidos.

Tal vez ya es suficiente.
Quizá de nada sirve
alzar estas palabras contra la soledad.

VI

Los años, aquí abajo, pasan de largo,
entre muros corroídos y árboles desnudos,
y nosotros seguimos siendo los mismos.

Los sueños de ayer todavía nos embriagan.
Cada día, nuestros ojos azuzan el mismo fuego,
y he aquí otra vez, asaltándonos la abyecta risa.

Pues nos sumergimos a gusto en las tinieblas,
y el mundo quedó lejos de nosotros;
pues no atesoramos más que oscuros actos,
abismos que abren otros enormes abismos;

y en cuya vieja espiral despedazamos
los ya despedazados andrajos del amor,
esos cuerpos perdidos para siempre.

SÉ

En lugar de monedas,
hay gusanos y sed.

Aún no grabo mi nombre
en la piedra del tiempo.

Aún río con las hienas
y toco al amanecer
las rejas de la sangre.

Aún subo ciegos peldaños
y cruzo el eco del silencio.

En la sombra, hay más sombra,
y los pies descalzos de la culpa.

Sé que, del otro lado de la puerta,
hay otra puerta que es mi herida,

ese perfume,

el recuerdo de su nombre,
el recuerdo de mi infancia.

DE
EL ABISMO DEL HOMBRE
(2020)

GUARDO HOSPEDADA EN MI MEMORIA

Guardo hospedada en mi memoria
la imagen apacible del cuerpo del amor.
La luz ha de llegar de nuevo,
pero ahora, en lo real, tan solo la lluvia
cubre la calle como negro alpiste.

Mira descender lentamente
la espina de la carne en la herida secreta.
El burdel, su avaricia, sorbe mi alma agotada,
mi esperanza sedienta de sentir,
por un instante, el sordo crepitar.

En penumbra, la prostituta baila
con la sinuosidad de una ancha llamarada.
Ya el ansia se amontona en el espejo;
la sombra de mi mano se prolonga.

Por mucho que el placer arda,
siempre su rostro en mi interior se enciende.

BAJO LA NEGRA NOCHE

Bajo la negra noche,
por una calle larga,
ruidosa, miserable,
terriblemente exhausto,
camino resignado,
camino sin remedio.
En mi mente se acerca
el eco del pasado,
en mi mente se acerca
la sombra de la ausencia.
Desorientado, apuro
el paso entre la gente;
de cuadra en cuadra
avanzo sin cesar.
Delante de mi rostro
se extiende terco el caos:
el ruido se exacerba,
la miseria pulula.
Con toda la zozobra
del tiempo en mi pupila,
con el alma colmada
hasta el borde de angustia,
prosigo mi camino,
bajo la negra noche
de esta ciudad mezquina,
en busca de sosiego.

EL SUEÑO DEL EXILIO

De pronto me hallo solo,
ante el verdor del bosque.
Bajo la luz del sol,
camino entre la hierba.
Distante queda el caos
de la ciudad oscura.
El pulso de la tierra
circula por mi sangre.
Extasiado, me adentro
por un camino oculto.
La espesura del bosque
es umbrosa, dentada.
Por un pausado instante,
el espanto me colma.
Pero una clara luz
asoma de repente.
Este es el centro
de la calma, el espacio
donde el silencio brilla
en toda su existencia.
Ya desciende la sombra
inquisitiva de la muerte,
en espiral, veloz,
por sobre mi cabeza.
Yo busco, dentro
de la tierra, un espejo.

SOLO DENTRO DE TI

Oh espejo de obsidiana
encendido en la sombra,
oscuridad del alma,
olvido del asombro,
ventana imperturbable,
cristal de huraña nitidez,
tentacular dominio
del tiempo entumecido,
voracidad oculta
en el anonimato,
exilio peligroso,
escudo tremebundo,
solo dentro de ti,
en tu insaciable hondura,
suplico sin sentido
una brizna de luz,
un rapto iridiscente,
ilusorio consuelo,
vano espejismo
de la dicha perdida.

UN TURBIO INSTINTO

Existe un turbio instinto
que sobrepasa
la sed interrogante del deseo,
el abismo secreto de la herida.
Es un impulso todo de vehemencia,
un estertor sensual,
una insomne punzada voluptuosa,
perversidad,
mirada de animal poseso
que trenza el espesor de la tiniebla.

En el centro de su hondo laberinto,
ni el recuerdo del amor,
ni el sentido moral, ni nada importa,
solo la carne,
solo su negra eternidad,
el magnetismo
candente que te absorbe.

TRAMPANTOJO

De madrugada, bajo la luz del alumbrado,
con la mirada en la calle desierta,
pienso en el corredor
de Borromini en el Palacio Spada.

Como tal corredor, oh pobre alma tediosa,
que te seduce con su longitud
por una ideada suerte de astuta perspectiva,
la luz de la pantalla te embelesa
sin pausa ni reposo, siembra en ti solo olvido.

Toda tu historia irremediablemente
es este simulacro desolado,
el dominio absoluto del ojo por la imagen.

EL ESPECTRO DE LA SARDONIA

De pronto me recorre,
como ciego temblor.
Bajo el rapto de su veneno,
siento ardoroso el aire.
Mi mirada traspasa
el muro de la angustia.
En mi semblante asoma
su mueca endemoniada.

Con su humor delirante,
propicia que me exhiba,
que goce abiertamente
en el contacto con el resto.
Nada me causa
dolor ni vergüenza.
Ebrio de regocijo,
desciendo sin descanso
en el rojo antro
de la nocturnidad.

Hasta que la mañana,
otra vez la mañana,
puntual me embosca,
con su primera astilla
de luz entre la calle.

THE NIGHTMARE

Como enterrado vivo
despierto de repente,
sin movilidad ni habla,
tan preso, tan inerme,
bajo el peso aplastante
de una horrenda negrura.

¿Es acaso esta sombra
el perverso dominio
de una oscura entidad
hambrienta de mi vida,
o es tan solo mi propio
cuerpo paralizado
por todo el vil veneno
de mi mismo odio?

Completamente tieso,
oigo con inquietud
el ruido alrededor
de mi cama siniestra.

Cada punto del sueño
es un incesante ahora.

EL FUEGO DEL ASCO

Un violento estallido
me despierta de golpe.
Fuera, arde la ciudad;
humo negro la ahoga.
Solo en la sombra busco
la puerta con espanto.
Pero, de pronto, todo
se estremece otra vez:
la horda, la maldita horda,
irrumpe en esta casa.
Como una piara, sube
veloz por la escalera.
El ardor del incendio
entra por la ventana.
Un retrato me mira,
triste desde el olvido.
Ya el tumulto del odio
se acerca en estampida.
Por el pasillo avanza,
con demoniaca prisa.
Su hedor calamitoso
perturba el aire entero.
El tiempo se consume
sin la menor salida.
Paralizado, aguardo
la muerte con desprecio.

LA INTEMPERIE

Un lento puño de odio
estruja brutalmente
mi pecho desquiciado.
Nada calma mi rabia.
La memoria me aguija,
ensangrentado monstruo,
con un vago recuerdo,
sin tregua, sin piedad.
En mi alma se amotina
la piara de la angustia.
Perturbado, deambulo
alrededor del cuarto.
Siento mi carne dura
como una piel curtida.
Mi mente inhabitable
se parte en estallido.
Destroza con violencia
el viento, el vidrio oscuro.
La insomne garra negra
de la ira rasga el alba.
Bajo ardiente ceniza,
palpo un rostro derruido.
Vencido por el odio,
contemplo la intemperie.

RUEGO

Ahora
que el zumbido del odio
se multiplica
como clamor de sangre
bajo el peso del cielo.

Ahora
que, destrozado,
me arrodillo, rostro en tierra,
ante la vasta, negra ruina.

Ahora
que nada tengo,
nada salvo esta sarna
hedionda en todo el cuerpo.

Ahora
que se abra
el muro de la muerte,
que, con maternal avaricia,
me resguarde de pronto
entre la oscuridad,
en medio del desierto.

BAJO ESTE CIELO EXTRAÑO

Bajo este cielo extraño, hundido en el silencio,
corto la oscuridad con turbia pincelada.

Un inmenso arenal me circunda, se extiende
sobre el hueco del mundo, llena todo de ausencia.

Erguido entre el dolor, me mezclo con el polvo,
en marcha circular, siempre en sentido opuesto.

El tiempo no es el tiempo, pero de golpe pasa.

Tensa de incertidumbre la palma de mi mano,
raigambre membranosa, se alarga sordamente.

Un raudo, casi helado ardor asciende, estalla.
Violento es el tumulto terrestre de la angustia.

Tanta boca, piedra, uña; tanto ojo, vidrio, pelo.

Cada estremecimiento es un corte insondable.
Cada paso me envisca, incrustado de culpa.

Materia abominada, substancia crepitante.

Desde otra oscuridad, en la memoria, un rostro
grita inerme. ¿Es su nombre el nombre de mi herida?

En vano corto el muro de carne de esta sombra;
es todo desamparo, dolor que nunca acaba.

FÁBULA DE LOS BURROS SALVAJES

Cuando sus dueños se entregan
a los ritos del amor y no hay nadie
alrededor que los acuse, los burros
huyen por las escarpadas laderas.

Y, huyendo, se alejan tanto
que se vuelven salvajes.
Solos entre piedras y aguas claras,
respiran y procrean libremente.

Los citadinos, como supondrás, aman esta historia.
En sus ojos, las rápidas pezuñas de los burros
levantan estelas de polvo más allá
del bosque de cactus, y plácidos sonríen.

SOBRE LA FE DE LAS MOSCAS

Mientras los autos bulliciosos,
con prisa, destellan y navegan
por las arterias de la noche,
y los niños juegan dichosos en el césped,
las sucias moscas yacen
sobre los bustos de los santos.

Sus patas negras y escuálidas,
como cabellos horquillados,
elevan afiebradas súplicas
que ni ellas mismas comprenden.

EL MENSAJE

Toma distancia, cucaracha, mientras
el mundo de los hombres duerme
y encuentra un nuevo hogar para tu pueblo.

Mira si el bebé aún descansa,
si no se mueve por sueño, frío
o hambre de cariño o leche.

Mira si el hombre y su mujer yacen,
con la boca abierta y los ojos cerrados,
atravesando los páramos
del sueño y el cansancio.

Diles a tus iguales que deben irse,
que es tarde, que has tenido una visión.
Huye, cucaracha, escabulléndote
de puerta en puerta, protegiendo a los tuyos.

El sol, molesto, ya se posa sobre el rostro
dormido del pequeño, y los grandes
no tienen mucho qué hacer esta mañana,
salvo limpiar el viejo ropero empolvado,
salvo devastar los sucios dominios de tu reino.

LA MAÑANA ES FRÍA

Abajo, el personal
de limpieza lava una carpa.

Dos policías comen chocho,

y a lo lejos, más allá
de los parques y los techos,

una embarcación
cruza, solitaria,
la niebla marina,

como una pestaña
el ojo de un ciego.

UNA ANCIANA ENCORVADA

como una interrogante,
camina a duras penas
detrás de un hombre
impaciente y duro.

Hay un cielo gris
de final de otoño,
y las palmeras tiemblan
con los fuertes vientos.

La ciudad que ella
conoció ya no existe;
los nuevos lugares
la reciben sin respuestas.

ATRÁS DE LAS VENTANAS

Atrás de las ventanas yacen muertos los insectos;
día tras día, los trabajadores suben,
sombríos, por las escaleras y se encierran
en oficinas con vista a la calle.

Oh tú, que conoces la dura transparencia
de la angustia y observas, justo ahora,
mientras subes, el aleteo de una paloma
que lucha, atrapada, contra el vidrio;
ve y haz algo por ella;
ve y haz algo tú,
que no puedes hacer nada por ti mismo.

MENTIRA DE LA JUVENTUD

De jóvenes, aunque mentimos
al decir que admiramos
la belleza de las aves, las odiamos;
ellas son mensajeras de la luz, y su canto,
el ocaso de la mundanidad.

Pero de viejos, la historia cambia.
Acaso ya es nuestra la sabiduría
de los árboles, que oyen una música
densa como el vértigo;
y callamos, regalándoles
con amor agua y alimento.

Tal vez esta sea la forma más llana
y sabia de vivir: dar y guardar silencio.

DE
EXODUS
(2022)

COMO RAMAS DESNUDAS

Como ramas desnudas
en el pantano estábamos,
hombres deseosos y soberbios, vástagos

de todos los rincones
y todas las estirpes,
contemplando las ruinas dispersas y gruñendo: «¡Aquí

ya no tenemos nada!»
«¡Solo nos queda el tedio!»
«¡Se han gastado los dones y símbolos de ayer!»

Cuando hartos ya de todo,
nos pusimos en marcha,
seguimos el camino al lado del río negro

y dejamos atrás,
poco a poco, *Chinpæpteh**:
«¡Adiós, cuna de la nostalgia y los bastardos!»

Escasas provisiones
y bestias debiluchas
cargábamos a cuestas, y las aguas ciegas nos guiaron

tan lejos como pudieron,
y después se borraron,
como nosotros, entre tullidas nieblas.

* Nombre mochica del puerto de Chimbote que, según Orlando Carrasco Barda-
les, significa 'La sal no es del lugar'.

Así, con dedos alargados,
—sonámbulas esquirlas—,
voces airadas y pasos rotundos, andamos

a tientas, pisando huesos
sobre las arenas, huesos,
en busca de refugio, hasta que el sol se hundió.

El frío de la noche
ya mordía nuestras manos
cuando palpamos lanchas muertas en cuyos vientres

semienterrados nos metimos,
tiritando con rabia.
¡Ah, fue como sufrir muy lentamente

el odio de los dioses!
Algunos animales
sucumbieron de golpe —estatuas derrotadas—.

Otros cayeron
entre hórridas convulsiones,
con sal incrustada en los ojos ante la muerte.

«Somos hombres perdidos»,
susurró alguien, y enseguida otro,
con palabras trémulas, añadió:

«Nosotros, los más jóvenes,
estamos condenados».
Solos entre las sombras, en el caliginoso vértigo,

consumimos entonces
el cáliz del silencio,
absorbiendo sus dones con la mirada grave,

y explorando los círculos
de los maderos óseos,
contemplamos las palabras girar con ellos,

—espirales del tiempo—
en busca de un escalofrío,
y, al fin, nos doblegamos al recordar con pena

los ya desamparados
nombres de la ternura,
apodos que perdieron sus rostros para siempre,

y ansiamos el calor
de los antiguos lechos,
sí, como aquel que empuña a solas una estrella

y llora mientras arde,
tan silenciosamente,
y sentimos de nuevo las culpas del pasado,

aun cuando sosegamos
nuestro apetito absorto
con carnes renegridas y licores amargos.

NO HABÍAMOS DORMIDO AÚN

No habíamos dormido aún
y ya debíamos marcharnos.
Con la boca agrietada y los miembros entumecidos

por el rigor del clima,
avanzamos al alba,
a través de la niebla, por un camino blando

entre los juncos secos
que por allí había.
Y llegamos entonces a un trecho nauseabundo,

y empezamos a oír
angustiantes graznidos,
aleteos impotentes, agudos estertores,

y un gran fragor de fondo,
y, de pronto, atisbamos
el mar envenenado y nos paramos todos

al lado de unas dunas,
sin pronunciar palabra.
Olas de rabia estéril rompían una y otra vez

contra bultos de fierro
y plástico, mordiendo
las arenas —reguero de algas yertas y redes

podridas—, mutilándolas.
Y, acá y allá, chillaban
sin pausa aves marinas, horribles como espectros.

Unas batían alrededor
de nosotros sus alas torvas.
Otras rasgaban la carne varada de los lobos

con sus picos posesos,
y otras agujereaban
las aguas sin pescar, ya nunca nada, agonizando.

Y, como quien se entrega
a hondas contemplaciones,
aislándose en los sordos recintos de su mente,

así me hallaba yo
entre todos de pronto,
mirando frente a mí con los labios perplejos

las aguas de antaño
y su amplitud azul,
el oro de la arena y los cangrejos rojos,

y, corriendo tras de ellos,
ese niño que yo fui,
bajo un dichoso cielo de blanquísimas nubes,

y la mirada de mi padre,
quien me amó tanto.
«¿Qué esperas tú? ¿Qué miras aquí solo?

Es hora de irnos»,
me sorprendió alguien,
y yo nada dije, exhalando un áspero suspiro.

Juntos, con ojos tercos,
volvimos a partir.
¿Qué tierra buscábamos, qué elevado destino?

De día, desprendíamos
los pies de las arenas,
con silencio en la boca y los vientos brumosos

hediendo entre nosotros.
Y por las noches,
nos refugiábamos en zanjas, envueltos en harapos

iracundos, temblando
hombro con hombro,
y maldiciendo la indiferencia de los viejos dioses.

Así, hasta que al fin
dejamos las orillas,
y, atravesando un laberinto de rocas cavilosas,

subimos por una senda estrecha
y, sin saber cómo,
alcanzamos las alturas y vimos

una playa de oleaje azul
y piedras negras,
a cuya cuenca solitaria bajamos presurosos.

ALGUNOS SE ADENTRARON

Algunos se adentraron
en las aguas alegres, mientras otros
nos animamos a pescar de pie sobre las peñas.

Después, hambrientos,
nos agrupamos cerca
de las orillas y comimos peces con escamas hipnóticas

y moluscos cocidos
con sal y los últimos limones,
hasta que un pesado sueño nos venció y caímos

entre ramas y caracolas,
blanqueándose al sol.
El cielo aún estaba claro cuando nos despertamos,

pero los manjares
sobrantes ya no estaban.
Las brisas y los vientos portaban un olor inquieto,

ausente, y a lo lejos,
por el lado derecho
de la playa curva, se oían voces mezcladas apagándose.

Con prisa y desconcierto,
ropas y piedras recogimos,
y, borrachos de sueño aún, nos echamos a andar

para ver si alcanzábamos
a las extrañas gentes.
Pasamos por un empedrado bañado por tranquilas

espumas y, cruzando
un arenal de brillos
dorados, llegamos a una enorme gruta

en donde descendimos
por rocas escarpadas.
En el suelo había signos de vasijas antiguas,

en los cóncavos muros,
destellos tasajeados,
y al fondo, una abertura donde el mar

golpeaba sordamente
con mansas embestidas.
«¿Qué es este lugar?» «¿Quiénes viven,

ocultos, aquí abajo?»
«¿Por qué nos han robado?»
gritábamos conforme íbamos adentrándonos.

De pronto, en lo más hondo
de la cueva, todo
el aire vibró. Alrededor, en las paredes negras,

en los rincones, en el suelo,
en la alta oscuridad,
surgieron almas, cientos de almas pétreas,

retorciéndose y balbuceando
a un mismo tiempo,
con vaharadas atroces y gestos implorantes.

No había luz en nuestros
corazones ni dioses
a quienes invocar y en quienes ampararnos.

Solos y estremecidos
hasta los huesos,
nos quedamos oyendo, soportando los ruidos azorados,

sin poder sacar un grito
ni palabra del fondo
de nuestras voces, por más que lo intentáramos.

Cuando las olas bravas
invadieron las sombras,
y todos nos hundimos en sus roncas sales como hojas.

¿Quién ayudó al débil
y quién sujetó al otro
con demencial espanto? — Ya no importa.

Unidos, regresamos
sobre nuestras pisadas,
y nos dirigimos hacia el cerro más distante.

Las nieblas ya cubrían
las peñas, y las nubes
callaban antes de anunciar el rojo del ocaso.

LA PLAYA YA SE HABÍA PERDIDO

La playa ya se había perdido
entre las brumas
cuando, tensos, llegamos al pie del alto cerro.

«¿Qué más podemos
hacer sino subir,
como hace una y otra vez aquel que está maldito?»

Así habló uno, y en torpes
hileras empezamos
a andar por un sendero desierto y peñascoso.

El cansancio nos agobiaba,
y, asentando los pies
en las piedras punzantes, hablábamos con odio.

¿Debimos aceptar
acaso nuestra vida
de ruinas, soportando humildes el calor y el frío?

Débiles y amargados,
nos sumergimos
en el silencio, y el silencio no nos calmaba.

Nuestras miradas bajas
no hallaban paz,
ni en recuerdos dichosos ni en ocultas esperanzas,

ni siquiera en una pequeña
limosna del delirio.
Solo el resentimiento llenaba nuestras almas,

solo su esencia
raptora nos impulsaba,
más pobres y soberbios, después del desengaño.

Cuando, entre las arenas
bajo nuestros pies,
los rostros de los muertos se nos aparecieron

en completo silencio,
con una mueca dulce
en los labios y soles pausados en los ojos,

y luego, uno tras otro,
desaparecieron bajo el viento,
como huellas húmedas en un guijarro ardiente.

Ah, una gran serenidad
nos envolvió, y finalmente
logramos aceptar la realidad y el sueño por igual.

Calmos y más ágiles
seguimos cuesta arriba,
—semillas silenciosas llevadas por la brisa—.

Algunos recogieron
fósiles marinos y piedras
blancas con manos cuidadosas.

Otros simplemente
contemplamos las flores,
caminando sin prisa. El cielo disipaba

las llamas del crepúsculo,
y la noche ya caía,
entre el vuelo de pájaros que creíamos extintos.

Sentíamos la dicha
creciendo dentro de nosotros,
mientras ascendíamos hacia las cimas.

Con pasos ligeros y risas,
superamos los últimos
pedruscos, y logramos ver, absortos,

de nuevo, círculos
de niebla y, más allá,
el maltratado reino de *Chinpæpteh*.

Oh tierra generosa,
a pesar de nosotros.
Oh *Chinpæpteh*, hogar ancestral, orilla íntima,

erguida entre la sal
y el negror de las olas,
cual espejismo herido, deseoso de un nuevo rostro:

«¡*Mæiche quingñan chipan siamen*!»*:
«¡Somos *quingñan* y aún estamos vivos!».

* Alocución de los pescadores ancestrales de la costa peruana.

DE
LA PATRIA DEL INSTANTE
(2023)

I
SOBRE LA MUERTE

*

Un gallinazo
vuela solo por ti,
esta mañana.

*

La voz sin rostro,
del desierto, sucumbe
en la sombra hueca.

*

Esto es la muerte:
la brevedad de un pulso
lleno de miedo.

*

En esta calle,
me seduce la muerte
con tu mirada.

*

En mi memoria,
sobrevive un recuerdo,
por ti, olvidado.

*

Todo se acaba:
solo mi ansia de ti,
voraz, me horada.

*

Nada me queda,
salvo esta voz borrada
por la neblina.

*

Un precipicio,
el ansia de la muerte,
me hunde sin tregua.

*

Diosa iracunda,
te busco largamente
en mi ceguera.

*

Desde hace tiempo,
la orilla permanece
como una ausencia.

*

En torno, todo
es vaho tenebroso,
parvada ignota.

*

En esta costa,
vuelvo el rostro hacia ti,
oh sucia muerte.

II
SOBRE EL PAISAJE

*

Solo el aroma
del bosque me cautiva
en la honda noche.

*

Hogar lejano,
por ti sigo esta senda
en la espesura.

*

Dentro del sueño,
por el riel oxidado,
te busco en vano.

*

El sol sereno
despierta, con su luz,
la casa en ruina.

*

Un leve soplo
de aire sacude el junco,
como un arrullo.

*

Este es mi templo:
la memoria del agua
es mi amuleto.

*

Solo un ramaje
asoma por encima
de la muralla.

*

La lluvia imita
el eco crepitante
de la hojarasca.

*

En el pinar,
su disco de humo cuelga
la luna llena.

*

En este instante,
de enorme soledad,
el viento calla.

*

La luz del sol
atraviesa el verdor,
como una lanza.

*

En el estanque,
el dedo de piedra halla
su anillo de agua.

III
SOBRE LA EXISTENCIA

*

La noche vasta
se acerca sin piedad,
como un coloso.

*

Solo conservo
el latido cansado
de la derrota.

*

Contempla mi alma:
esta roca quebrada,
este desierto.

*

En mi mente, oigo
el ruido amenazante
de una estampida.

*

Me delimita
un ladrido monstruoso,
una caterva.

*

No cabe en la ira
el verdadero grito
de mi dolor.

*

Un aletazo
de terror sobresalta
todo mi cuerpo.

*

Bajo la noche,
me apresuro sin rumbo
por la ciudad.

*

Vivo en la ausencia:
el resplandor del mundo
no me sosiega.

*

Vuelve la angustia.
En el aire pulula
su niebla hirsuta.

*

Nada remedia
el desmoronamiento
de la memoria.

*

Toda luz muere:
desciende sobre mi alma,
un roto espanto.

IV
SOBRE EL AMOR

*

En la penumbra,
se consume tu rostro
de estrella huraña.

*

Tu piel desnuda
es huidizo arenal
bajo mi mano.

*

No existe el tacto:
tu cuerpo es un calor
imaginado.

*

Ahora que te amo,
en mi boca, tu nombre
se vuelve canto.

*

Tu rostro asoma
en el hundido espejo
de mi memoria.

*

El horizonte
se me revela en ti,
como un milagro.

*

Tu lento beso
es llama acogedora
en la intemperie.

*

El alba asoma
parsimoniosamente
en tu sonrisa.

*

En esta casa,
donde tu amor me abriga,
hallo la dicha.

*

Mi mano ardiente,
pausada, se desliza
por tu hondo vientre.

*

En el umbral
de tu carne, palpita
el sol primero.

*

No anhelo nada,
solo esta antigua luz
desenterrada.

DE
NUEVOS POEMAS
(2024)

EL DESEO TE ENVOLVIÓ

El deseo te envolvió
con sus ágiles escamas.
En su reflejo viste la carne.

Obstinado, gastaste
tus mejores horas
en una búsqueda inútil.
Dejaste atrás el cariño
de los que amabas,
las horas de sueño y de trabajo.

Hubo conversaciones
que avivaron el fervor:
imágenes difusas,
susurros lejanos.
Después, solo quedó
el asco y el vacío.
Días consumidos, lejos
de la gloria que anhelabas.

A veces te detuviste, al margen
de esa ansia absurda,
y volviste a tu destino: la ternura
y el amor por la palabra.

¿Cuántas veces regresarás
al vórtice inmundo?

Con los ojos renovados
por el olvido, abrazarás
la carne y habrás envejecido.

TAL VEZ, ESPÍRITU

Tal vez, espíritu, ya no necesitas
esta piel ni este latido cansado.
Vagas ciego, como un tajo en el aire.
Las calles no te devuelven lo que te arrebataron,
y el laberinto de tus evasiones te consume.
Has olvidado el alivio de las plegarias.
Dime, ¿quién podría consolarte ahora?
En la noche vacía, verás una mirada
serena, destellante — pero ya será muy tarde.

MÁS ALLÁ DE LAS ANÓNIMAS ESPESURAS
DEL SILENCIO

Más allá de las anónimas espesuras del silencio,
hay alguien que ansía ser tú y tomar tu reino.
Ese reino, que tú ves lleno de sombras y tristeza,
es el anhelo oculto de otro en su destierro.
¿Es que acaso eres solo un espejismo obsesionado
con la exuberancia de una vida ilusoria?
Tu mano atraviesa la plenitud del sueño
y, al despertar, quiebra la cáscara seca de los días.
El espejo ya no tiene una imagen para ti.
Vives en el lado oscuro de todos los azogues;
un mundo de duelo donde eres tu propio muerto.
¿Cómo puedes construir un castillo digno de tus ansias?
Estás cansado de plegarias y de sus inútiles carnadas.
En las arenas, restriegas el imán de las palabras
y no alcanzas el abundante erizamiento de la dicha.
Tus pasos hacia el vacío son inevitables y, aunque
intuyes la caída, te distraes con los placeres de la carne.
Más allá de las anónimas espesuras del silencio,
hay alguien que ansía ser tú y tomar tu reino,
ese vasto reino lleno de sombras y tristeza.

ÍNDICE

SOLO LA MUERTE SOBREVIVE (2012)

POESÍA VISUAL (2013)

LA SAL DE LAS HIENAS (2017)

EL ABISMO DEL HOMBRE (2020)

NUEVOS POEMAS (2024)